挑戰最強大腦

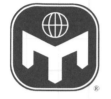

MENSA
門薩智力升級系列

英國門薩官方唯一正式授權
台灣門薩　審訂

TRAIN YOUR BRAIN
Puzzle Book

入門篇
LEVEL 2
第二級

門薩智力升級系列
挑戰最強大腦　入門篇第二級
TRAIN YOUR BRAIN PUZZLE BOOK: FOR CONFIDENT PUZZLERS, LEVEL 2

編者	Mensa門薩學會　羅伯・艾倫（Robert Allen）等
審訂	台灣門薩
	孫為峰、陳雨彤、陳謙
	詹聖彥、鄭育承、蔡亦崴
譯者	汪若蕙
責任編輯	吳琪仁、顏妤安
內文構成	賴姵伶
封面設計	賴姵伶
行銷企畫	劉妍伶

發行人	王榮文
出版發行	遠流出版事業股份有限公司
地址	臺北市南昌路2段81號6樓
客服電話	02-2392-6899
傳真	02-2392-6658
郵撥	0189456-1
著作權顧問	蕭雄淋律師

2021年3月31日　初版一刷
定價　平裝新台幣280元（如有缺頁或破損，請寄回更換）
有著作權・侵害必究 Printed in Taiwan
ISBN　978-957-32-8990-6
遠流博識網　http://www.ylib.com
E-mail: ylib@ylib.com

國家圖書館出版品預行編目(CIP)資料

挑戰最強大腦. 入門篇第二級/羅伯特.艾倫(Robert Allen)等編；汪若蕙譯. -- 初版. -- 臺北市：遠流出版事業股份有限公司, 2021.03
面；　公分. -- (Mensa門薩智力升級系列)
譯自：Train your brain puzzle book : for confident puzzlers, level 2
ISBN 978-957-32-8990-6(平裝)

1.益智遊戲
997　　　　110001929

挑　戰　最　強　大　腦

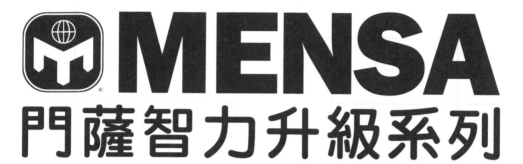

MENSA
門薩智力升級系列

LEVEL 2
入門篇第二級

英國門薩官方唯一正式授權
台灣門薩　審訂

TRAIN YOUR BRAIN
PUZZLE BOOK

前言

你有個一直轉不停的腦袋嗎？

來挑戰看看本書這些刁鑽的題目吧。

這本入門篇的**第二級**裡，有各種測試你文字與數字推理能力的題目，善用邏輯去思考，找出答案吧！題目會越來越難，記得要有耐心。

現在準備動一動你的腦袋，翻到下一頁，開始訓練吧！

本書是「門薩腦力訓練」系列入門篇的**第二級**，**第一級**比較簡單，**第三級**則有更具難度的題目喔！

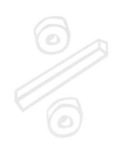

關於門薩

門薩學會是一個國際性的高智商組織，會員均以必須具備高智商做為入會條件。我們在全球40多個國家，總計已經有超過10萬人以上的會員。門薩學會的成立宗旨如下：

＊為了追求人類的福祉，發掘並培育人類的智力。
＊鼓勵進行關於智力本質、特質與運用的研究。
＊為門薩會員在智力與社交面向提供具啟發性的環境。

只要是智商分數在當地人口前2％的人，都可以成為門薩學會的會員。你是我們一直在尋找的那2％的人嗎？成為門薩學會的會員可以享有以下的福利：

＊全國性與全球性的網路和社交活動。
＊特殊興趣社群——提供會員許多機會追求個人的嗜好與興趣，從藝術到動物學都有機會在這邊討論。
＊每月會員雜誌與當地的電子報。
＊參與當地的各種聚會活動，主題廣泛，囊括遊戲到美食。
＊參與全國性與全球性的定期聚會與會議。
＊參與提升智力的演講與研討會。

歡迎從以下管道追蹤門薩在台灣的最新消息：
官網　https://www.mensa.tw/
FB粉絲專頁 https://www.facebook.com/MensaTaiwan

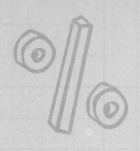

第**1**題

1/3的2/3等於多少呢？是1/3、1/4、
還是2/9？

第**2**題

若B+A=10，A-B=6，A和B分別是多
少呢？

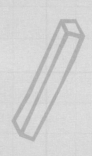

第3題

由左下的數字「3」移動到右上的數字「3」,只能往上及往右移動,要經過9個數字。如果把它們全部加起來,最小會是多少呢?

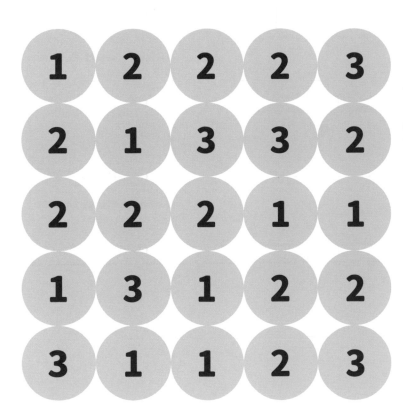

第4題

下一頁每個方格中的符號，從左上開始，都是
按照某種規則排列。請找出排列的規則，找出
Ａ、Ｂ、Ｃ、Ｄ哪一個是圖形缺少的部分。

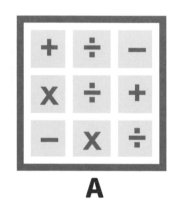

A

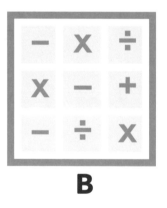

B

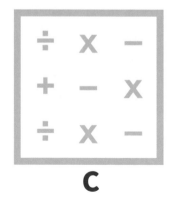

C

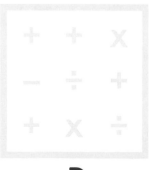

D

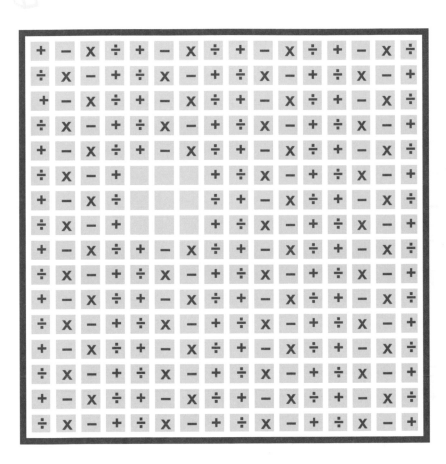

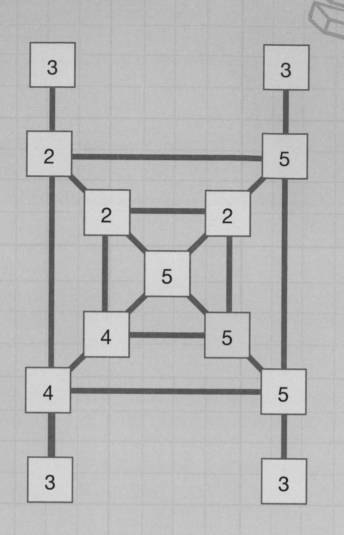

第5題

從任一個角落的數字開始，沿著線前進，
將經過的前4個數字與起點的數字加起
來，最大會是多少呢？

第6題

在方塊中填入一個大於1的數字，其他方塊內的數字都可以被這個數字整除，問號應該是哪個數字呢？

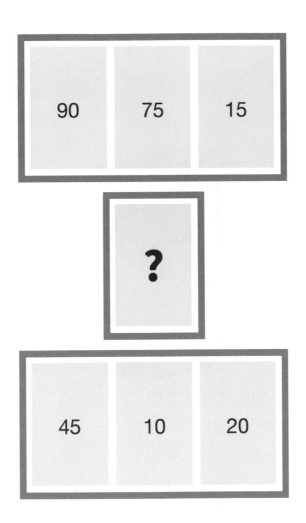

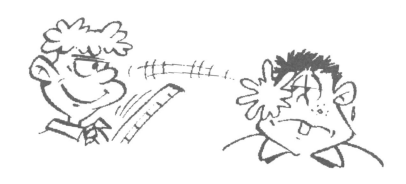

第7題

假如做一個蘋果蛋糕需要2顆蘋果，而4顆
蘋果重1公斤，那5公斤蘋果可以做出幾個
蘋果蛋糕呢？

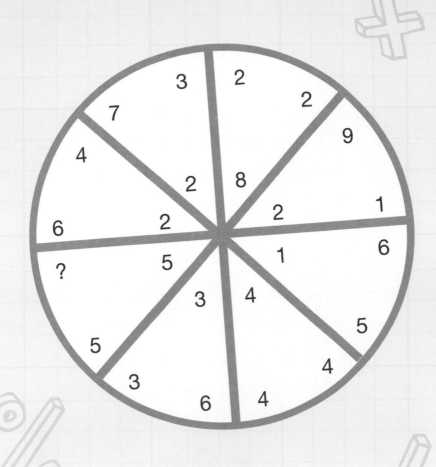

第8題

圓形中每個區塊的數字都依照某個規則產生，
問號應該是哪個數字呢？

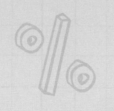

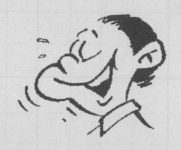
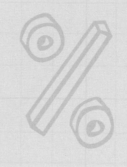

第9題

在慶生派對中有一半的人喝可樂，四分之
一的人喝檸檬水，六分之一的人喝柳橙
汁，剩下的3個人喝白開水，參加慶生派
對的有多少人呢？

第**10**題

將下面的圖形重新排列，會得到什麼
數字呢？

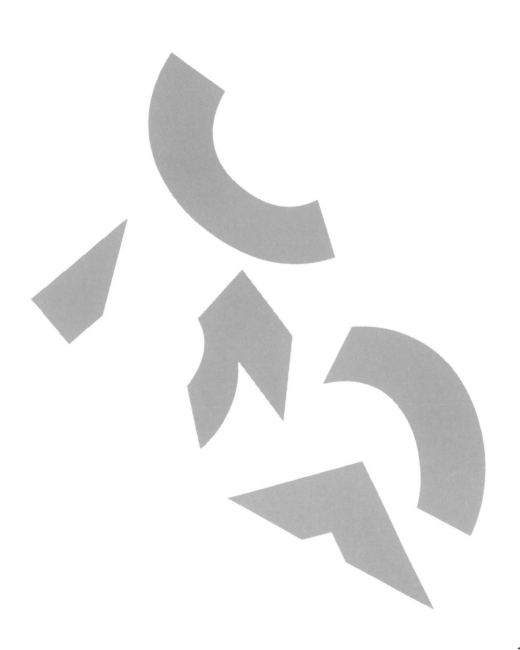

第11題

每個方塊角落的數字都是依照某種規則，
問號應該是哪個數字呢？

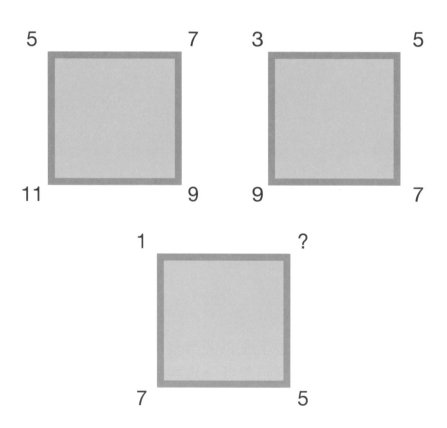

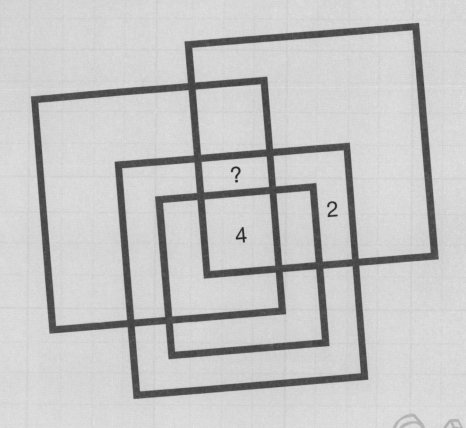

第12題

上方圖中的數字是依照某個規則標示，
問號應該是哪個數字呢？

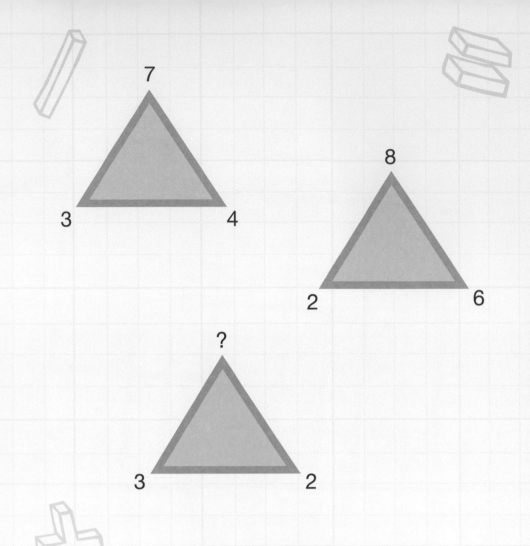

第13題

這些三角形的數字都是依照某個規則產生，
問號應該是哪個數字呢？

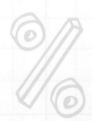

第14題

這塊蛋糕中每個區塊數字加起來都相同,且內圈及外圈的總和分別都是32,請問缺少的是哪些數字呢?

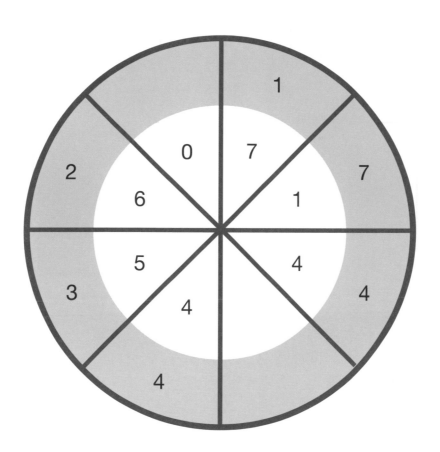

第15題

你可能在本書其他地方看過這一題，但此處數字的關係不一樣，問號應該是哪個數字呢？

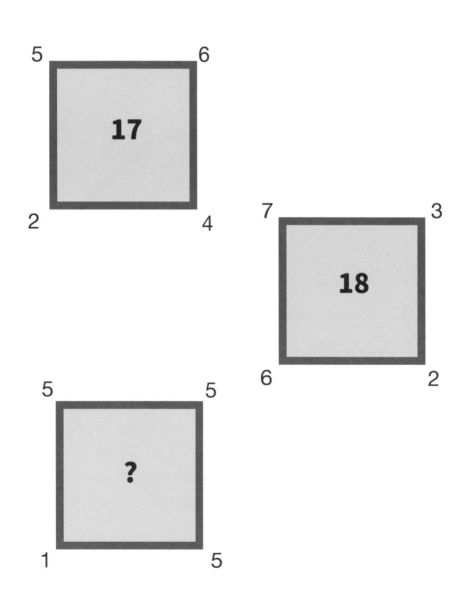

F	4E	1S	6S	2W	6S
5S	1N	1E	2E	4W	2S
4E	1W	3E	2N	4S	2W
2E	1W	1S	2S	3W	2S
1E	3N	2N	2E	1N	1W
1N	3N	2E	1N	5N	5W
6N	1N	1N	1W	5N	4W

第16題

這裡有個特別的保險箱，每個按鍵都需要按一次，按鍵上的英文字母與數字是用來提示下一個按鍵位置：英文字母代表下一個按鍵位置的方向，N是往北、S是往南、E是往東、W是往西；數字代表往此方向移動幾格就是下一個按鍵。例如「1N」這個鍵代表下一個按鍵是往北一格，「1W」代表下一個按鍵是往西一格。在所有的按鍵中「F」代表最後一個按鍵，請問要從哪個按鍵開始，才能走到「F」？提示：此按鍵在中間那一列。

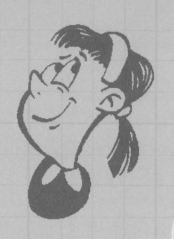

第17題

如果將26個英文字母按順序繞成一圈排列，請問從F往回數第9個字母是X、W、T當中的哪一個呢？

第18題

一個小孩以每小時12英里速度騎著腳踏車，他要花幾分鐘才能抵達離家9英里遠的村莊呢？

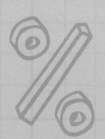

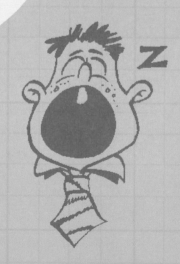

第19題

仔細看圖中每一排的數字,它們之間有某種規則存在,問號應該是哪個數字呢?

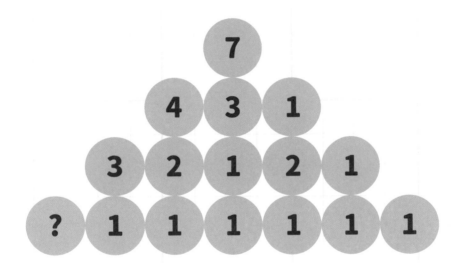

第20題

從圓形每個區塊內數字的關係，找出問號應該是哪個數字。

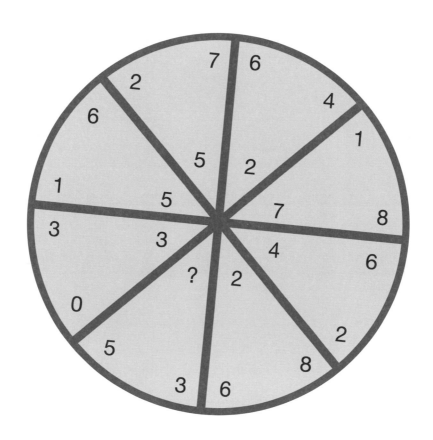

1V 2V 10V 5V

20V 50V

第21題

在維納斯星球上，共有
1V、2V、5V、10V、20V、50V等6種幣值的錢
幣。一個維納斯人在銀行存有總金額為306V的
錢幣，其中有4種錢幣的數量相同，請問他有哪
幾種錢幣？數量各是多少？

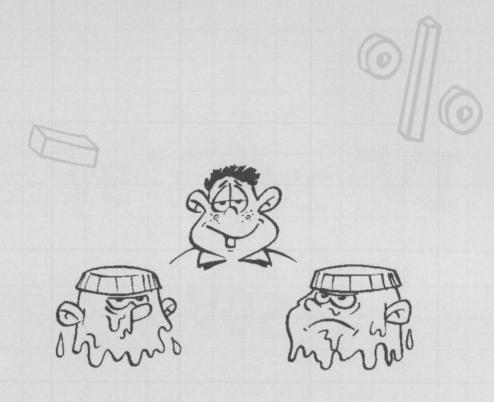

第22題

假設A等於13，B等於3A，C等於
A+B，C會是多少呢？

第23題

從位置A，經過馬的身體到位置B，把經過
的所有數字加起來，最小會是多少呢？

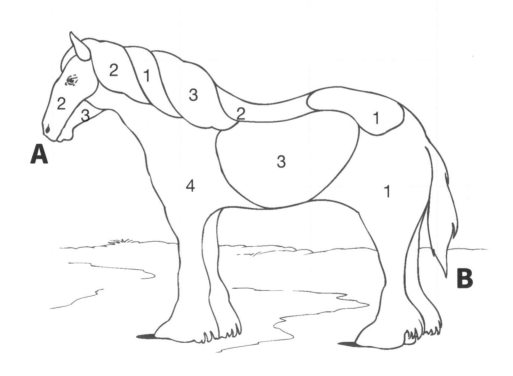

第**24**題

第4個時鐘的長針和短針應該分別指向
哪個數字呢？

1

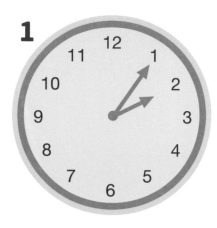

2

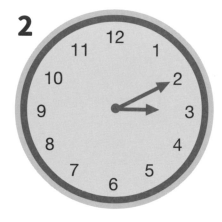

3

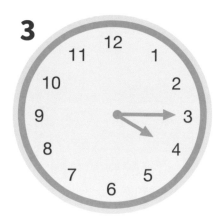

4

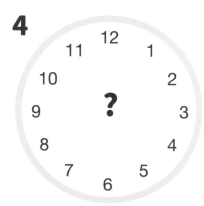

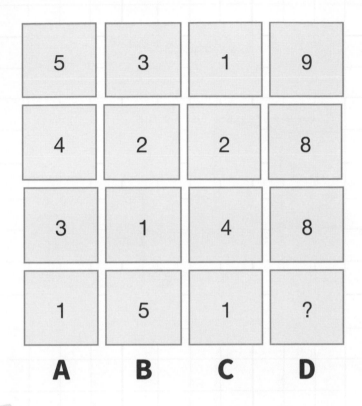

A	B	C	D
5	3	1	9
4	2	2	8
3	1	4	8
1	5	1	?

第25題

D行的數字跟同一排A、B、C行的數字有關聯，問號應該是哪個數字呢？

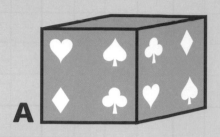

A

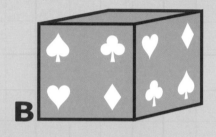

B

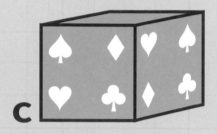

C

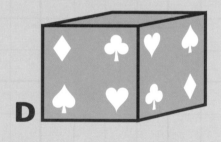

D

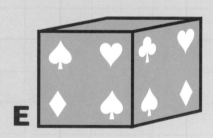

E

第26題

以上方塊中，哪個方塊和其他方塊
不是同類呢？

30

第27題

請從下圖左下角的「4」移動到右上的「3」，每個實心圓形代表「-1」，就是每遇到一個實心圓形就要減去1，將經過的5個數字和實心圓形加起來，最高可得幾分呢？

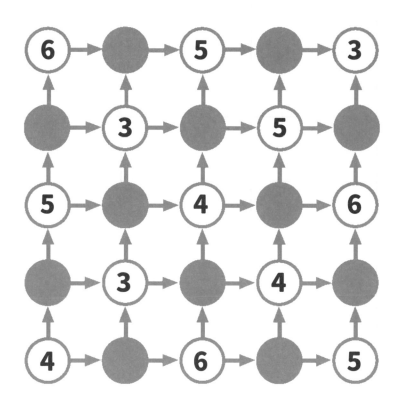

第28題

下面的數字之間有某種關聯，問號應該
是哪個數字呢？

12	21	36	63	45	?

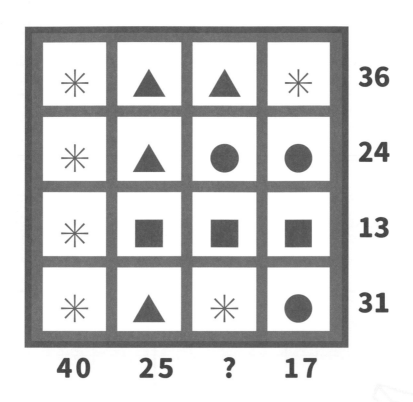

第29題

下圖的每一個符號分別代表某個數字，每行或列的符號相加，等於旁邊的數字。問號應該是哪個數字呢？

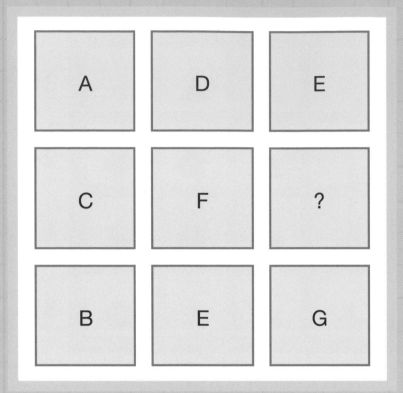

A	D	E
C	F	?
B	E	G

第30題

以上方格中的字母是依某個規則排列，
問號應該是K、G、I當中的哪一個呢？

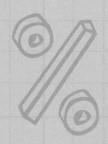

第31題

如果要用直線將犀牛分割成數個區域，且每個區域中必須有1、2、3、4、5這5個數字，最少需要幾條線呢？

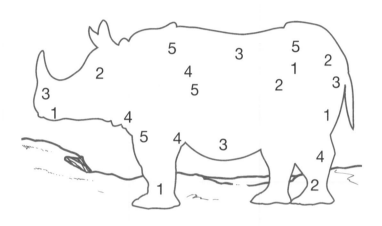

第32題

問號要換成「＋、－、×、÷」中的哪幾個符號，才可以讓下面的算式成立？每種符號不限用一次。

6	?	3	?	4	?	2	=	8

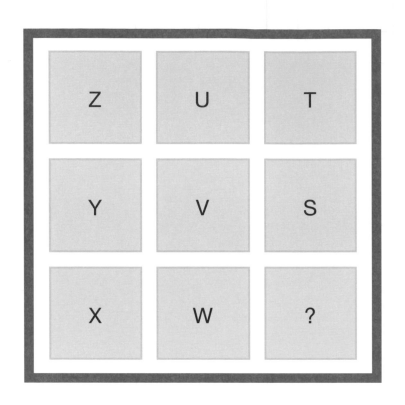

第33題

以上方格中的字母是依某個規則排列，
問號應該是A、R、Q當中哪個字母呢？

第34題

依著箭頭方向前進，請問最長的路徑會經過多少個方塊？

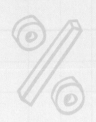

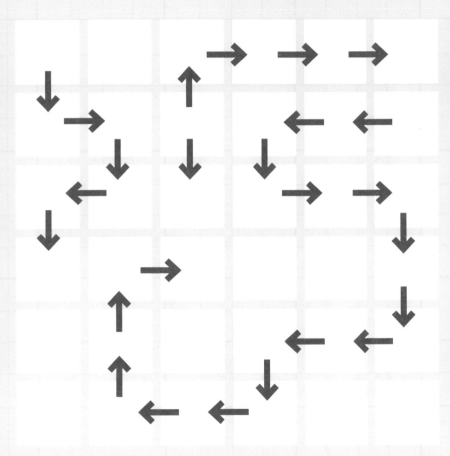

第35題

在下一頁方格中，字母是從左上的A開始，以Z字形的路徑依照A、B、C、A、A、B、B、C、C、A、A、A、B、B、B、C、C、C的順序填入，直到最右下的方格。依照以上提示，找出A、B、C哪一個是下頁圖形缺少的部分。

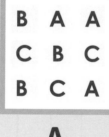

A

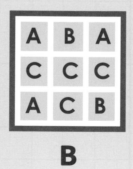

B

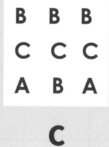

C

```
A C A A C A C A A B B B B C A
B A C A B A C B C C A C B C C A
B C B A B C C C A A C B C C A C
B B C B B A C A C A A A B B B A
B C C B A B B B A A B B B A A A
C C B B B       A C A B C B C A
A A B B C       A A C C B C A B
A C A C C       C C C C B B A B
C A A C B B B B C B C B B A B A
A A B C B B A A B A A B A C A B
A B C A C C B B A A C C C A B B
B C A C C C A A C C C C B B C
A C A C A A B B C B A C C A C C
B A B A A B A A B B B C A A B C
A B B C B C B A C B C C A B C C
B B C C C C A A A A B A B A B A
```

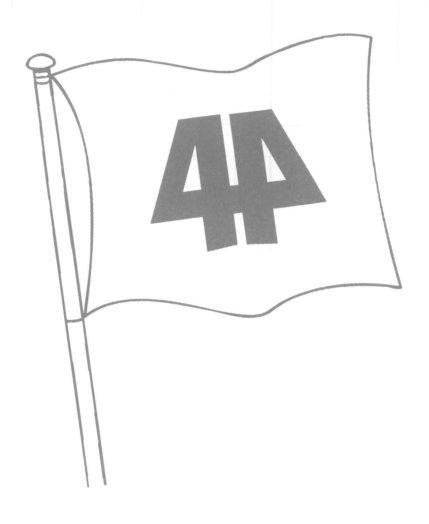

第36題

這面旗子上的符號代表哪個數字呢？

第**37**題

從中央的那個圓圈中的數字「2」開始移動，只能經過相連的圓圈。將經過的3個數字與起點的「2」加起來，加起來等於12的路徑有幾條？

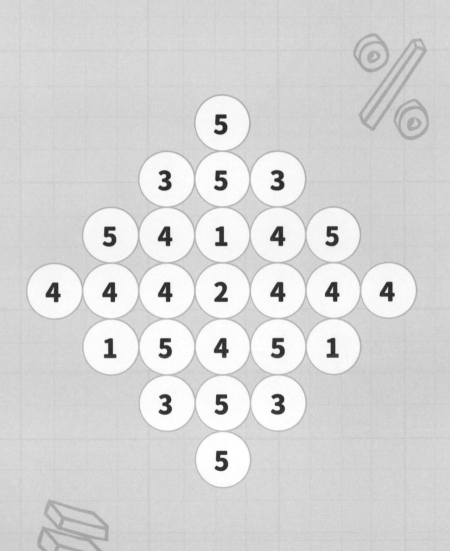

第38題

問號應該是哪個數字呢？

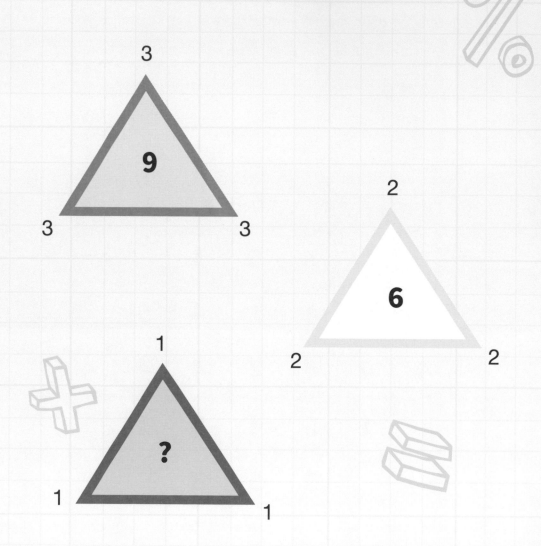

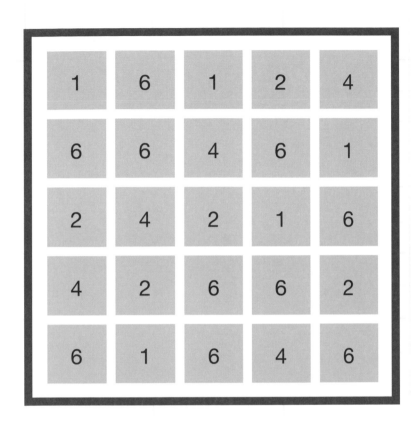

第39題

用4條線將以上方塊分成數個區域，讓每個區域的數字和都相同，請問要如何劃分呢？

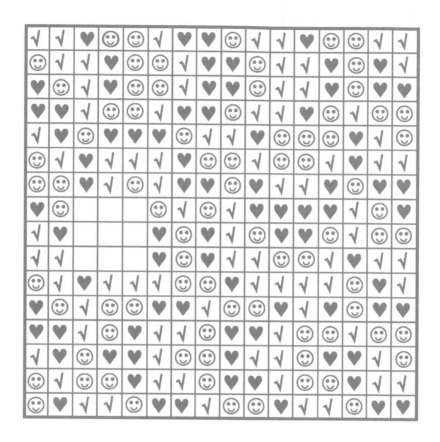

第40題

上面方格中的符號是依某個規則排列，空白區域
應該是哪些符號呢？

第41題

下面第一和二個天平是平衡的，若1個C等於
4個A，要在第三個天平加上多少個「A」，
才能使它維持平衡？

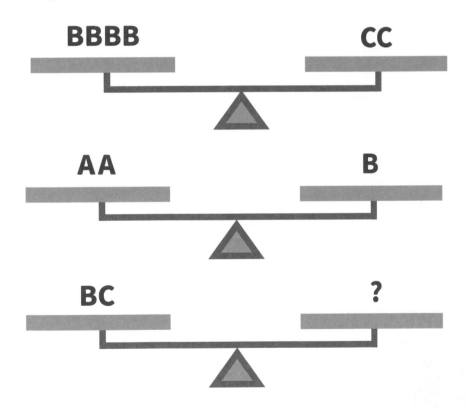

第42題

問號應該是哪個數字呢？

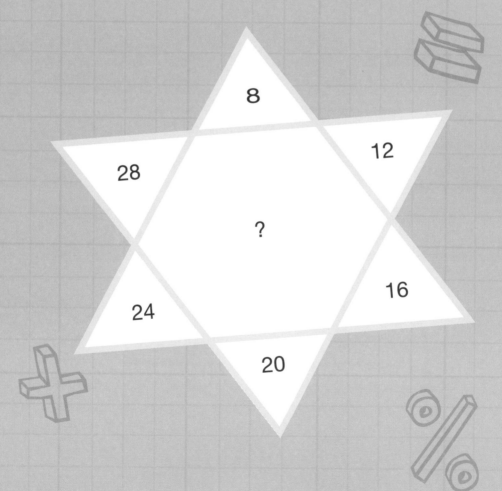

第43題

在這個圖中可以找到幾個矩形呢？注意：正方形也是一種矩形。

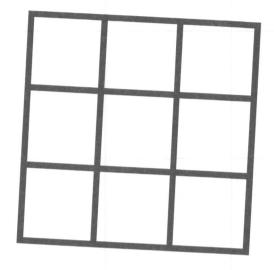

第44題

根據以下這些數字的邏輯，問號應該是哪個數字呢？

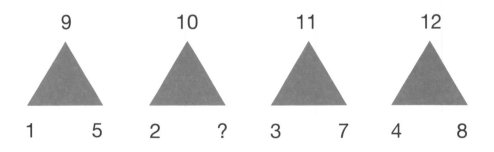

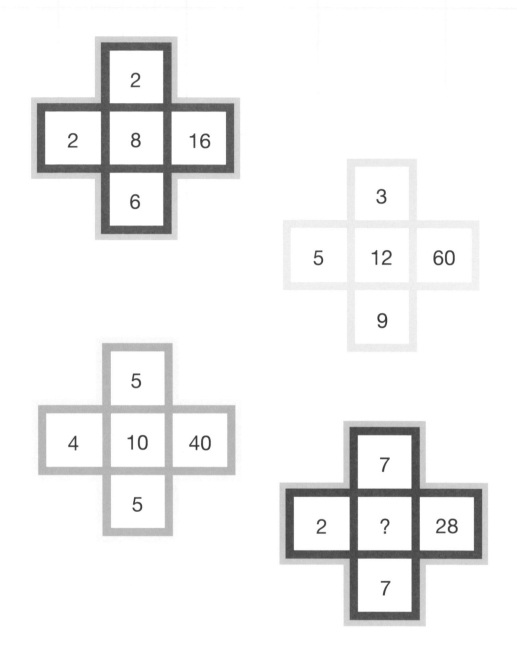

第45題

問號應該是哪個數字呢？

第46題

哪幾個方塊裡有相同的數字呢？

	A	B	C	D
1	2 3 1	1 3 1	2 1 2	1 3 6
2	4 2 4	6 4 5	2 2 2	3 4 2
3	3 3 4	6 3 1	5 6 5	1 1 1
4	3 3 3	2 4 2	3 4 1	5 5 5

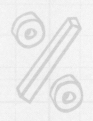

第47題

問號應該是哪個數字呢？（提示：你無法從同一
區塊的數字關係中得到答案。）

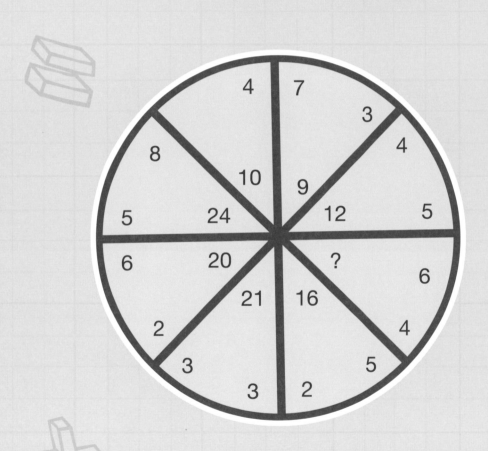

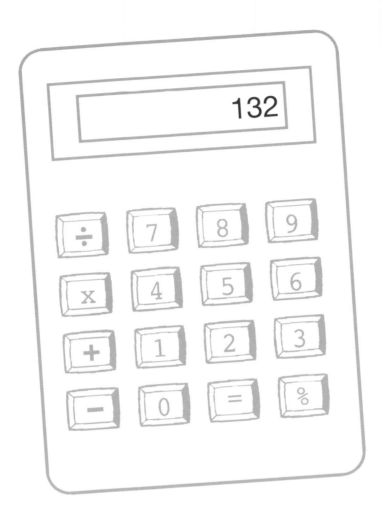

第48題

計算機上的數字除以一個二位數，結果等
於11，請問這個二位數是什麼呢？

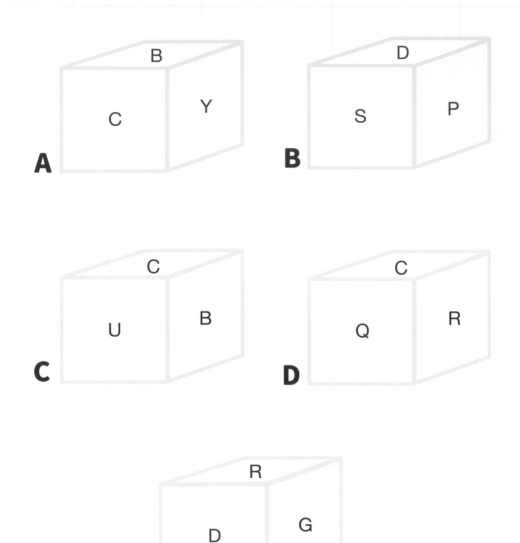

第49題

上面哪個方塊和其他方塊不是同類？
（提示：跟字母筆畫的線條有關。）

第50題

在空格中填入數字，讓每一列或每一行的數字加
起來都相同，對角線的數字加起來也相同。請問
會用到哪兩個數字呢？

3		3	0	3
	3	3	3	
3	3	3	3	3
	3	3	3	
3		3		3

第**51**題
問號應該是哪個數字呢？

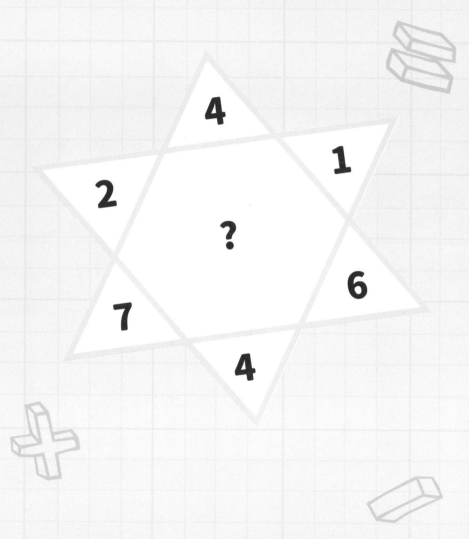

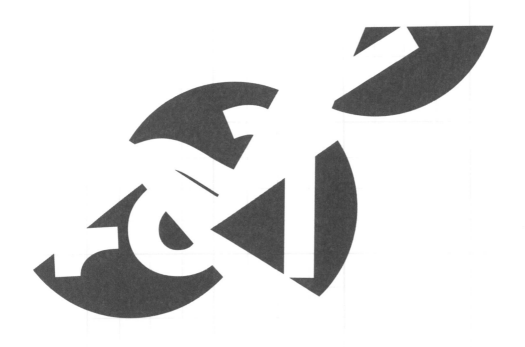

第52題

將上圖的每片蛋糕重新組合成一個完整的生日蛋糕，過生日的人是幾歲呢？

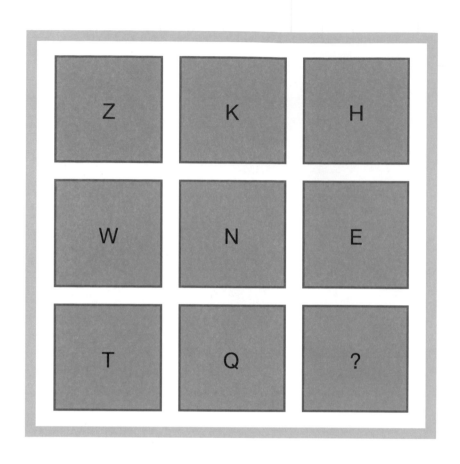

第53題

將右下的問號換成一個英文字母，
會是F、S、B當中的哪一個呢？

第54題

要摧毀這艘太空船，必須先找出一個數字，它
是個位數，而且太空船身上的每個數字都可以
被它整除，請問是哪個數字呢？

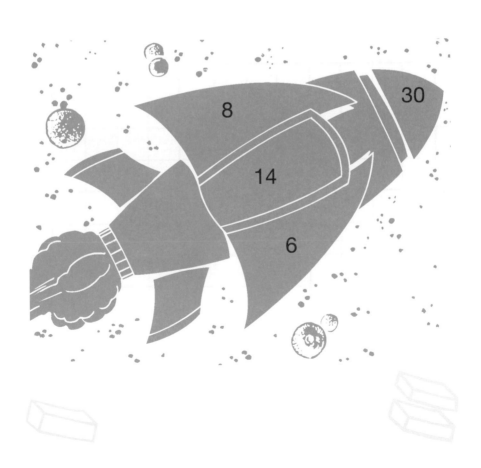

第55題

問號應該是哪個數字呢？

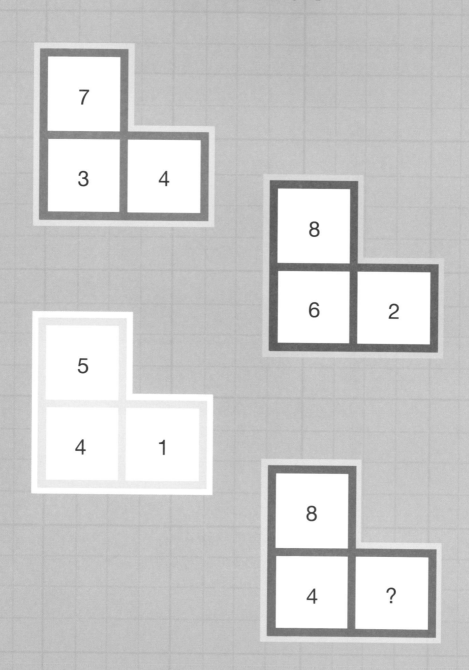

第56題

根據下面這列數字的關係，問號應該是哪個數字呢？

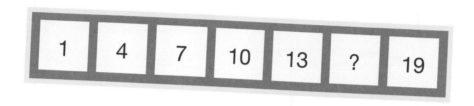

| 1 | 4 | 7 | 10 | 13 | ? | 19 |

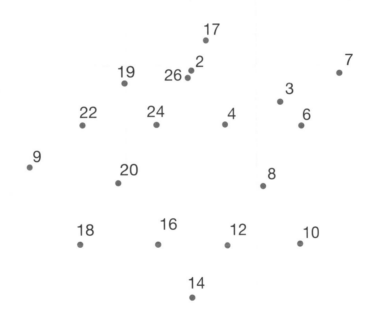

第57題

如果從最小的偶數點開始，依序將所有的偶數點
連起來，最後會出現什麼呢？

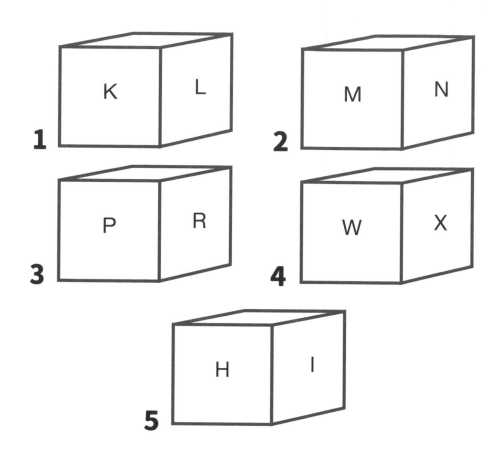

第58題

上面哪個方塊和其他方塊不是同類？

第59題

請問這隻劍龍身上可以找到幾個「4」？

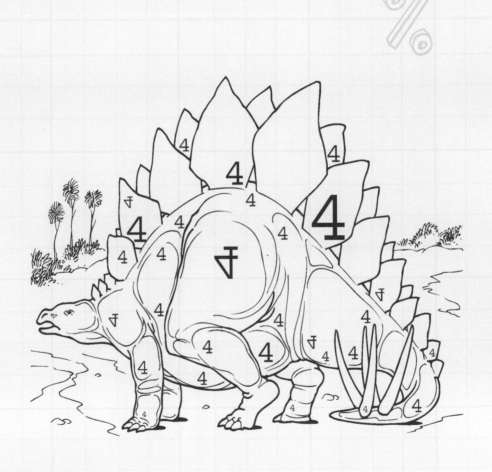

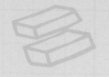

第60題

問號應該是哪個數字呢？

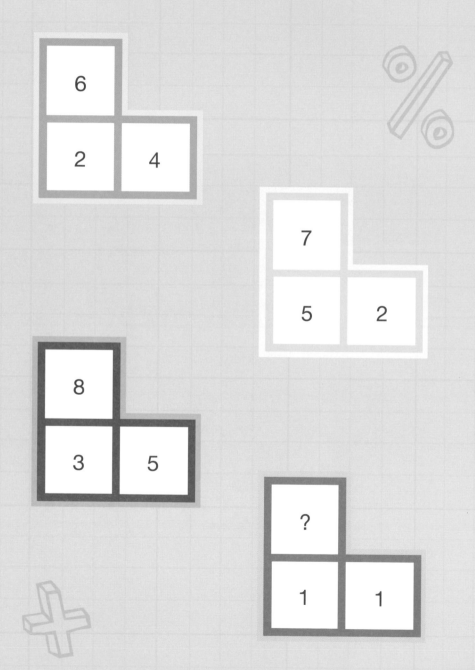

	1	**2**	**3**	**4**
A	9	15	9	1
B	6	11	3	13
C	4	5	2	12
D	7	5	1	8

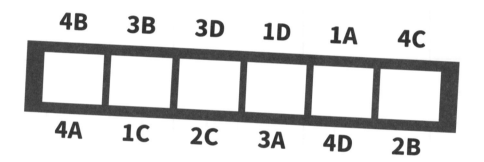

4B	**3B**	**3D**	**1D**	**1A**	**4C**
4A	**1C**	**2C**	**3A**	**4D**	**2B**

第**61**題

每個空白方格的上面和下面都有一個提示，每個提示
對應到上面表格某個位置的數字，例如1A代表第一行
第一列A的數字9。從上下提示挑選6個正確的數字填
入方格中，讓這些數字形成一連串有規律的數列。

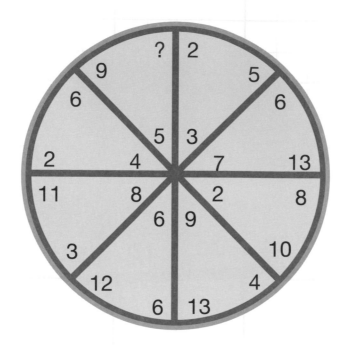

第62題

從圓形每個區塊內數字的關係，找出問號
應該是哪個數字。

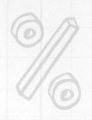

第63題

以下方格中哪個數字和其他數字不是同類？
為什麼？

94	11	5	3
41	13	37	23
7	61	87	19
53	43	1	101

第64題
問號應該是哪個數字呢？

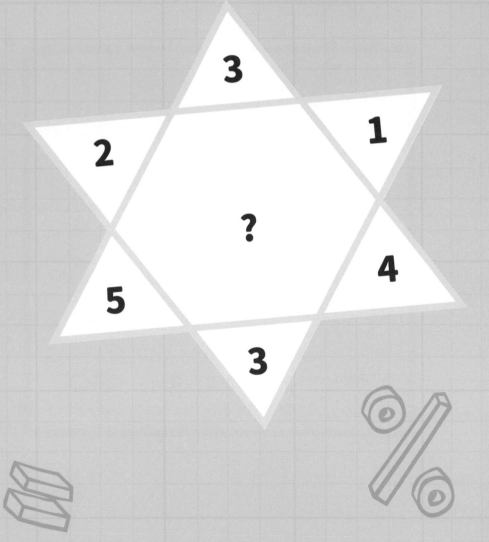

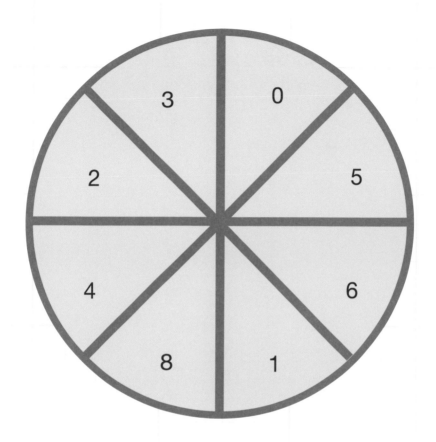

第65題

每一個區塊上都有一個數字，找出3個相加等於
13的數字，會有多少種組合呢？每個數字可以
重複使用，順序不同但數字相同者不算。

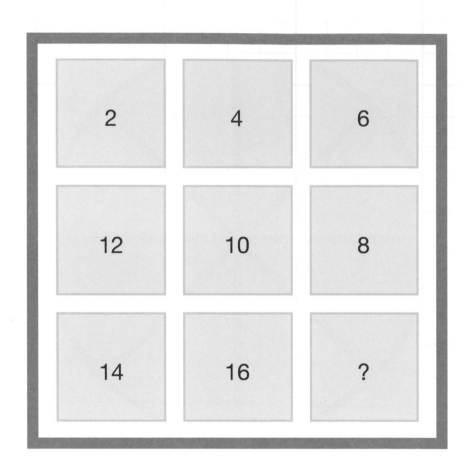

2	4	6
12	10	8
14	16	?

第66題

上面這些方格中的數字是依某個規則產生，
問號應該是哪個數字呢？

第67題

下面哪個圖形不是出自同一個方塊呢？

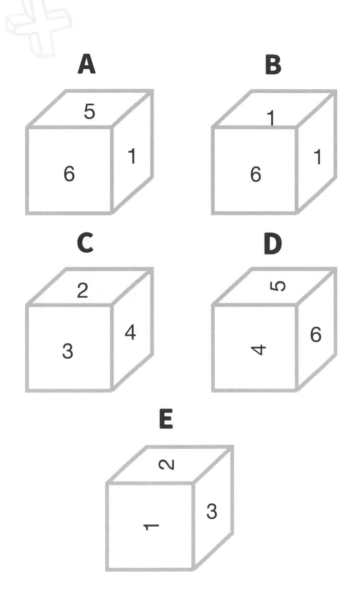

第68題

問號應該是哪個數字呢？

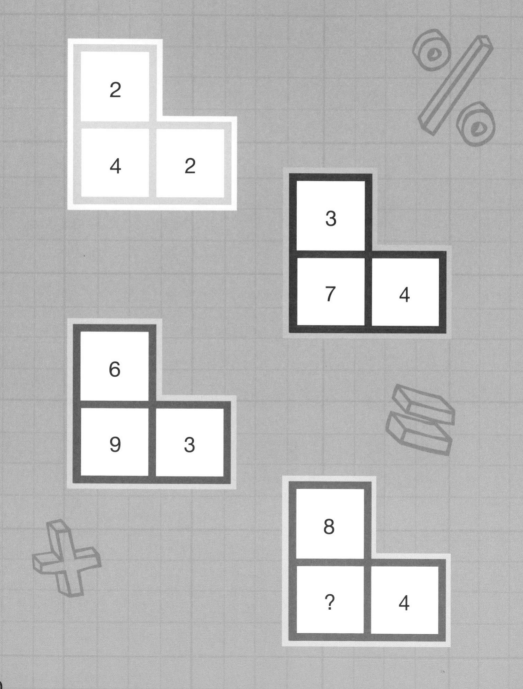

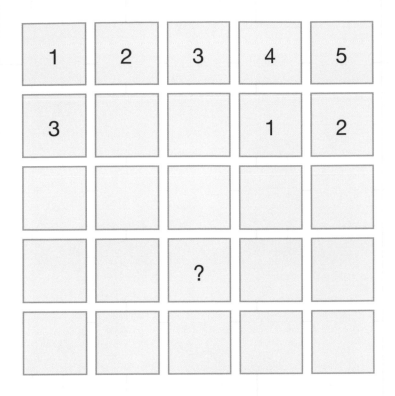

第69題

將1~5的數字填入方格中，每行、每列與對角線
上的數字不重複，問號應該是哪個數字呢？

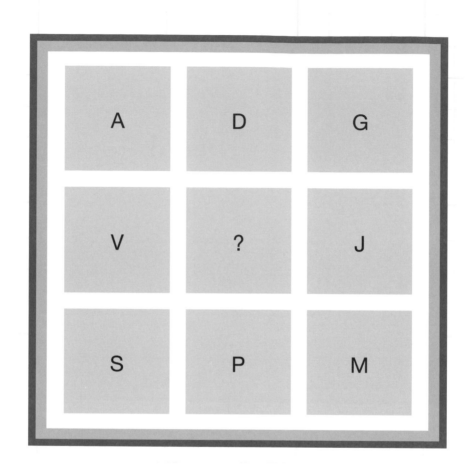

第70題

問號應該是Y、D、J當中的哪一個
字母呢？

第71題

由左下的數字5移動到右上的數字5，只能
往上和往右移動，不能對角線移動，將經過
的9個數字加起來，最大會是多少呢？

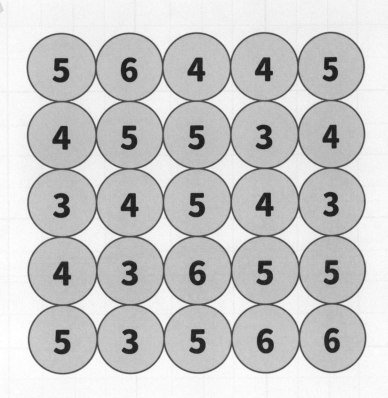

第72題

問號應該是哪個數字呢？

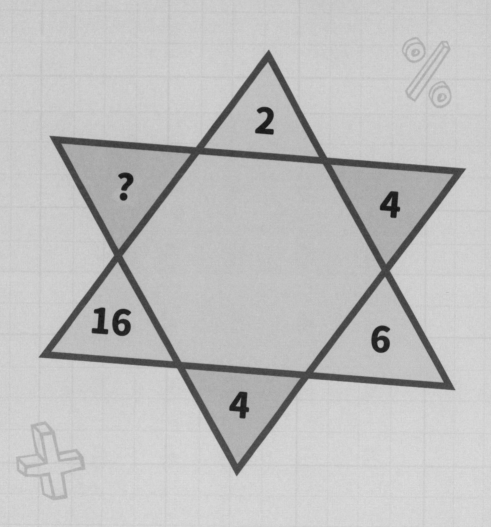

8	4	4
3	1	2
7	2	5
6	5	1
9	?	3

第73題

在上面的表格中，中間的數字和左右的兩個數字
有關係，問號應該是哪個數字呢？

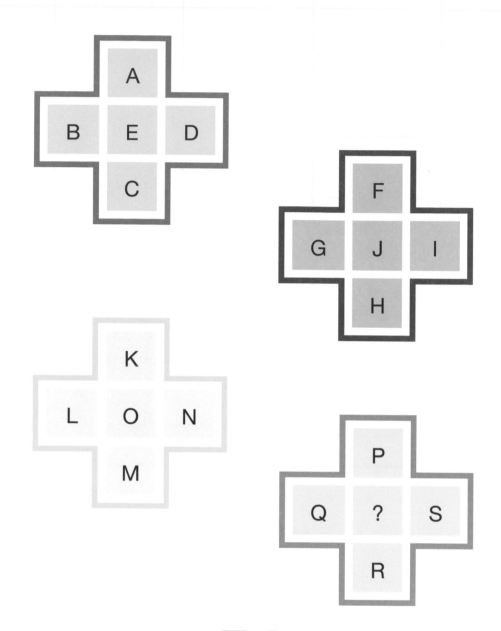

第74題

上面的方格中，字母都是按照某個規則排列，
問號應該是B、T、K當中的哪一個呢？

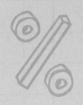

第**75**題

由左下的數字2移動到右上的數字3，只能往上與往右
移動，不能對角線移動，將經過的9個數字加起來，
最大會是多少呢？？

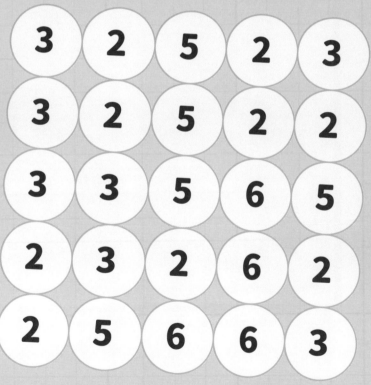

3	2	5	2	3
3	2	5	2	2
3	3	5	6	5
2	3	2	6	2
2	5	6	6	3

第76題
問號應該是哪個數字呢？

4	8	12
32	?	16
28	24	20

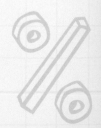

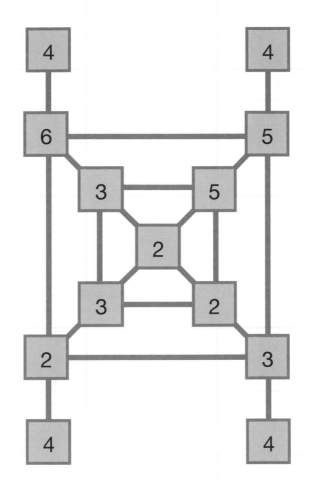

第77題

從四個角落的數字出發,只能沿著線前
進,將最先遇到的4個數字和開始的數
字相加,最大會是多少呢?

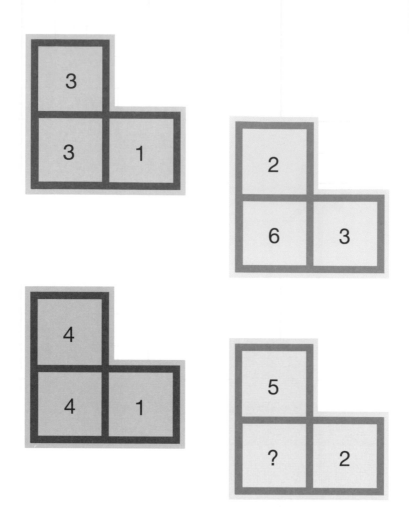

第78題

問號應該是哪個數字呢？

第79題

在中間的方塊填入一個大於1的數字。如果該數字正確,其他方塊內的數字都能將它整除。問號應該是哪個數字呢?

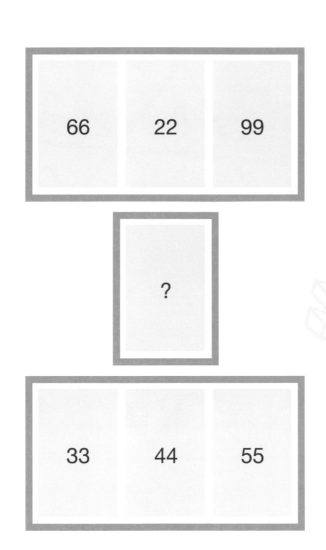

第80題

問號應該是哪個字母呢？

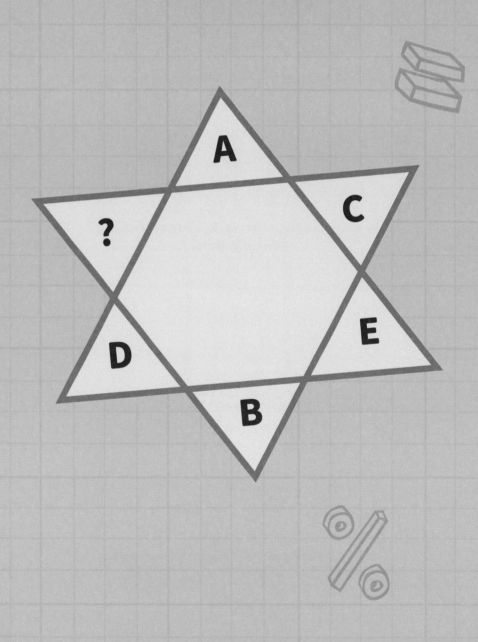

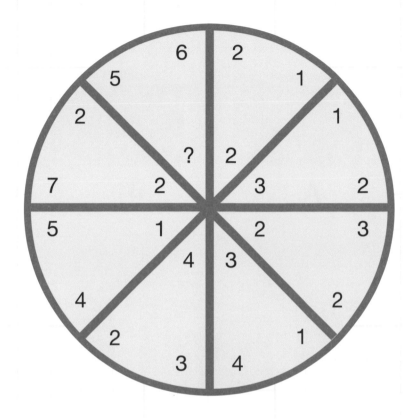

第81題

圓形每個區塊的數字都依照某個規則產生，
問號應該是哪個數字呢？

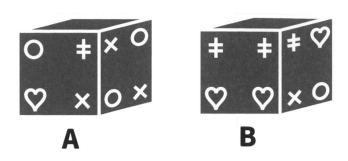

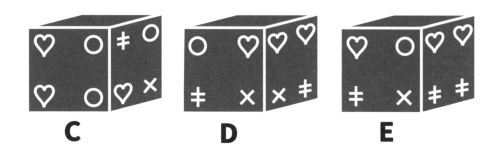

第82題

上方的方塊中，有哪個和其他
方塊不是同類？

第83題

　　這裡有個特別的保險箱，每個按鍵都需要按一次，而且每個按鍵都必須要按到，按鍵上的英文字母與數字是用來提示下一個按鍵位置。例如「1i」代表下一個按鍵是往內移動一格，「1o」代表下一個按鍵是往外一格，「1c」代表下一個按鍵是按順時針方向移動一格，「1a」代表下一個按鍵是按逆時針方向移動一格。在所有的按鍵中「F」代表終點，請問要從哪一個按鍵開始，才能走到「F」？（提示：請找最外圈的按鍵。）

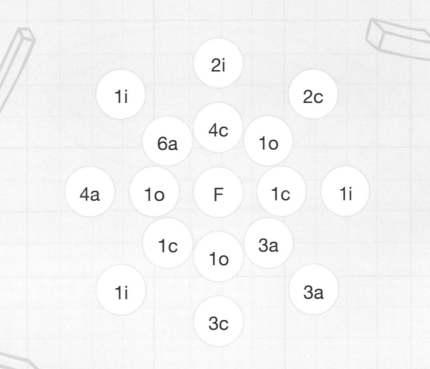

第84題

如果仔細看，會發現這個圖中的數字是依照
某種規則標示，問號應該是哪個數字呢？

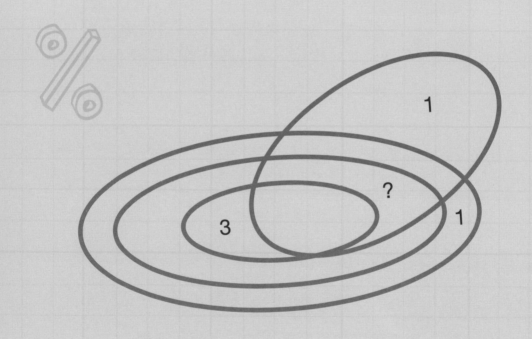

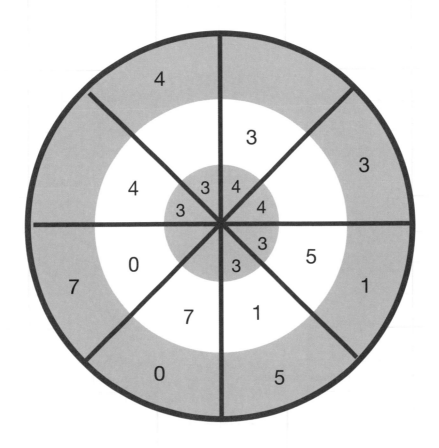

第85題

這個圓形中每個區塊的數字總和都相同，每一圈的數字總和也相同，空白處應該填入那些數字呢？

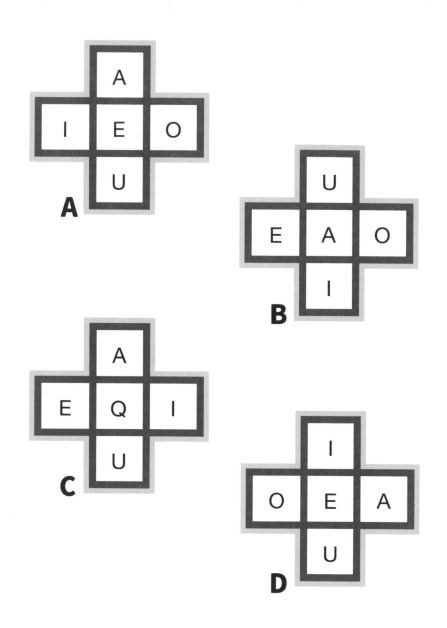

第86題

上方的圖形中，有哪個和其他圖形不是同類？

第87題

將下面的每一片蛋糕重新組合後，會得到一個完整的生日蛋糕，過生日的人是幾歲呢？

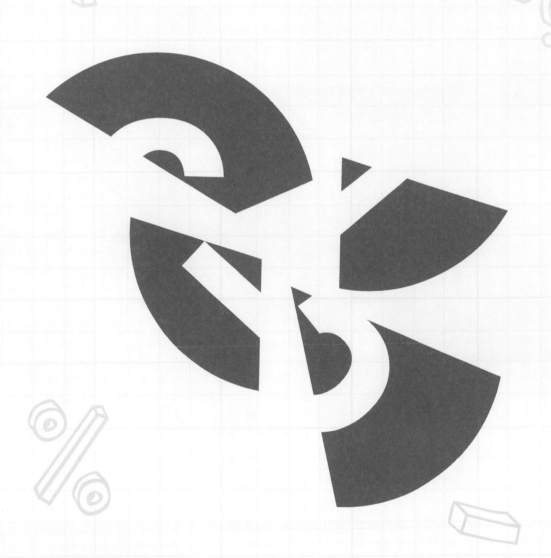

第88題

若第一和第二個天平兩端的重量是相同的，問號要換成哪個符號，才能讓最下面的天平維持平衡呢？

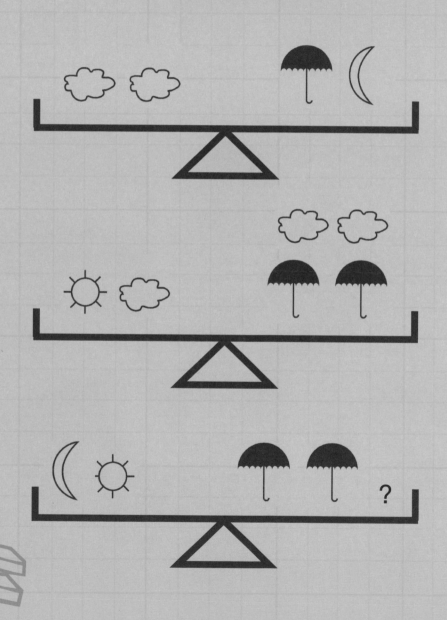

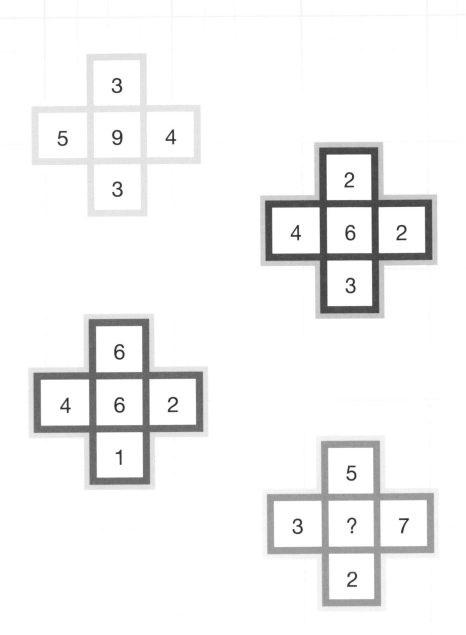

第89題

問號應該是哪個數字呢？

解答

第1題

2/9

第2題

A=8；B=2

第3題

15

第4題

C。

符號填入方格的順序是+、-、×、÷，方向是從第一列開始，每一列結束後往下移到下一列，以「Z」字形來回填滿所有方格。

第5題

23。

第6題

5。

第7題

10。

第8題

2。

每個區塊內的數字總和都是12。

第9題

36。

第10題

5。

第11題

3。

每個正方形從左上方開始，依順時針方向，每個數字依序加2。

第12題

3。

數字所在位置有3個圖形交集於此。

第13題

5。

每個三角形頂點的數字等於三角形底部數字相加的總和。

第14題

上方外圈的數字是8，下方外圈數字是3，內圈的數字是5。

第15題

16。

方形中央的數字等於方形外數字相加的總和。

第16題

第四行的2S。

第17題

W。

第18題

45分鐘。

第19題

4。

由上而下，每個橫排的數字總和都增加1。

第20題

2。

將每個區塊外緣兩個數字相減，就等於中心的數字。

第21題

1V、2V、5V、10V各17個。

第22題

52。

第23題

10。

第24題

長針指向4，短針指向5。下一個時鐘的時針與分針都往前進一格。

第25題

7。

把A、B、C各行的數字加起來就等於D行的數字。

第26題

E。

其他方塊的兩個面都有4種不同的符號。

第27題

20。

第28題

54。

每兩個方格的數字關係是個位數與十位數相互對調。

第29題

22

第30題

I。

將每列左邊與中央列的字母依照它們在英文字母的順序,換成數字相加,相加得到的數值再換成字母,填入右邊方格。

第31題

3。

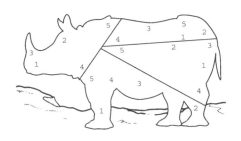

第32題

依序為:除號、加號、加號。

第33題

R。

從Z開始,沿直行往下前進,到底再移到隔行往上,到頂再移到隔行往下,依英文字母順序逐格倒退。

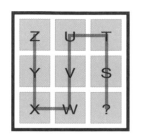

第34題

16。

第35題

A。

第36題

4。旗子上的圖案是數字4及其反影。

第37題

6。

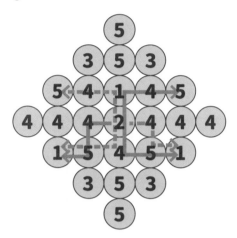

第38題

3。

將每個三角形頂端的數字相加，就會等於第一個三角形中央的數字。將每個三角形左下角的數字相加，就會等於第二個三角形中央的數字。將每個三角形右下角的數字相加，則等於第三個三角形中央的數字。

第39題

1	6	1	2	4
6	6	4	6	1
2	4	2	1	6
4	2	6	6	2
6	1	6	4	6

第40題

從最右上的格子開始往下，圖案是依照以下順序：兩個打鉤、一個愛心、兩個笑臉、一個打鉤、兩個愛心、一個笑臉，依此重複，以螺旋往內的方向填入所有的方格中。

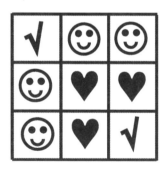

第41題

6。

第42題

4。

所有的數字都是4的倍數。

第43題

36。

第44題

6。

4個三角形左下角的數字依序是1
、2、3、4,同樣的右下角數字依序
是5、6、7、8,最後回到三角形頂
點,4個頂點的數字是9、10、11
、12。

第45題

14。

上下方格的數字相加的總和,以及
右邊方格的數字除以左邊方格的
結果,兩個都等於中央方格的數
字。

第46題

3B與1D。

第47題

40。

每個區塊外緣的數字相乘,結果
等於對面區塊裡中心的數字。

第48題

12。

第49題

A。

它有一個字母(Y)的筆劃是沒有
曲線。

第50題

0與6。

第51題

8。

相對的兩個角的數字總和是8。\

第52題

21。

第53題

B。

從左上角開始，往下到行末再移到隔行往上，依此以「Z」字形來回前進，每進一格，就依英文字母順序倒退到第三個字母。

第54題

2。

第55題

4。

將上方方格的數字減去下方方格的數字，結果就等於右邊方格的數字。

第56題

16。

每格數字增加3。

第57題

星星。

第58題

3。

只有3上面的字母在英文字母順序中不相鄰。

第59題

30。

第60題

2。

把底部兩個方格的數字加起來，結果就等於上方方格的數字。

第61題

1、3、5、7、9、11。每格數字增加2。

第62題

14。

將每個區塊外緣的數字相減,就等於中心的數字。

第63題

87。

只有它不是質數。

第64題

6。

所有相對的兩個角的數字總和都等於6。

第65題

8。

第66題

18。

從2開始往右到底,再移到下列往左到底,再移到下列往右到底,每格數字增加2。

第67題

B。

第68題

12。

將上方方格的數字與右下方格的數字相加,就會等於左下方格內的數字。

第69題

4。

第70題

Y。

從左上方格開始往右，依順時針方向、螺旋形前進，每進一格，就依英文字母順序跳過兩個字母。

第71題

42。

第72題

36。

從星星最上方開始，以順時針方向，將前三個數字的平方分別填入各自對面的三個角。

第73題

6。

將最左邊的數字減去最右邊的數字，就等於中間的數字。

第74題

T。

以螺旋形的方式將字母依順序填入十字方格中即是。

第75題

41。

第76題

36。

從左上的數字開始往右，以順時針方向、螺旋形方式前進，每格數字增加4。

第77題

23。

第78題

10。
將上方方格及右下方格的數字相乘，就等於左下方格的數字。

第79題

11。

第80題

F。　星星對角是英文字母中位置相連的兩個字母。

第81題

1。
依順時針方向，從右上開始，每個區塊的數字總和加上1，就是下一個區塊的總和。

第82題

D。
只有D是沒有一個面有相同的兩個符號。

第83題

1i。
位於4a和3c之間。

第84題

3。因為有3個圖在此重疊。

第85題

2。

第86題

C。
其他圖形方格內的字母都是母音，只有C有一個非母音Q。

第87題

5。

第88題

一個太陽。

雲=3、雨傘=2、月亮=4、太陽=7。

第89題

10。

右邊和左邊方格的數字相加，上面和下面的數字相乘，兩個結果都等於中間方格的數字。